PERRITOS DE LAS PRADERAS

Escrito por Mari Schuh

PEBBLE
a capstone imprint

Pebble Explore, publicada por Pebble, una marca de Capstone,
1710 Roe Crest Drive
North Mankato, Minnesota 56003
www.capstonepub.com

Los datos de CIP (Catalogación previa a la publicación, CIP) de la Biblioteca del Congreso se encuentran disponibles en el sitio web de la Biblioteca.
ISBN: 978-1-9771-2552-1 (library binding)
ISBN: 978-1-9771-2560-6 (eBook PDF)

Resumen: Describe los perritos de las praderas, el lugar donde viven, su cuerpo, lo que hacen y sus peligros.

Créditos de las fotografías
Newscom: Rob Palmer/NHPA/Photoshot, 23; Shutterstock: aabeele, 5, BlueBarronPhoto, 16, Colette3, 15, Czesznak Zsolt, 26, Elle1, 25, Evikka, 20, Fotomicar, 11, Henk Bentlage, Cover, 12, 17, Images by Dr. Alan Lipkin, 18, Kevin Tietz, 21, MJgraphics, 14, Sandra Huber, 7, Stephen Mcsweeny, 27, vagabond54, 19, Vladimir Wrangel, 1, 24, Wildnerdpix, 9, Zoltan Tarlacz, 8

Créditos editoriales
Mandy Robbins, editora; Dina Her, diseñadora; Morgan Walters, investigadora en medios; Tori Abraham, especialista en producción

Dedicatoria
A Addilyn y Avery—MS

Printed in the United States 6045

Tabla de contenidos

Perritos de las praderas asombrosos 4

Dónde viven los perritos de las praderas 6

El cuerpo de los perritos de las praderas 10

Comer y beber 16

Qué hacen los perritos de las praderas 20

Peligros de los perritos de las praderas 26

Datos rápidos 29

Glosario 30

Índice 31

Las palabras en **negrita** están en el glosario.

Perritos de las praderas asombrosos

Un perrito de las praderas se para. Mira a su alrededor. Ve un animal a lo lejos. ¿Qué es? ¿Es un zorro? El perrito de las praderas ladra muy fuerte. Avisa a los otros. ¡Es hora de esconderse!

Hay cinco tipos de perritos de las praderas. Todos ladran como los perros. Pero no son perros. Son **roedores**. Los roedores tienen dientes frontales largos.

Dónde viven los perritos de las praderas

Los perritos de las praderas viven en el oeste de América del Norte. Casi todos viven en praderas o pastizales. Estos lugares son planos y secos. Hay un tipo de perrito de las praderas que vive en las montañas.

El perrito de las praderas de cola negra vive en un área grande. Algunos viven cerca de Canadá. Otros viven cerca de México.

Cientos de perritos de las praderas viven juntos. Viven en **colonias**. Construyen **madrigueras** debajo de la tierra. Los perritos de las praderas hacen muchos túneles y habitaciones. Hacen habitaciones donde cuidan a sus cachorros. Hacen habitaciones donde duermen.

Los perritos de las praderas hacen muchos agujeros. Los agujeros conducen a sus madrigueras. Cada agujero tiene un montículo de tierra cerca. Los montículos de tierra evitan que entre el viento y la lluvia.

Los perritos de las praderas se paran encima de los montículos de tierra. Vigilan si hay **depredadores** que podrían atacarlos.

El cuerpo de los perritos de las praderas

Los perritos de las praderas son animales pequeños. Tienen el tamaño de un conejo. Los perritos de las praderas pesan entre 2 y 3 libras (0.9 a 1.4 kilógramos).

Los perritos de las praderas tienen el cuerpo regordete. Miden unas 12 pulgadas (30.5 centímetros) de largo. Eso es alrededor del tamaño de un cuaderno.

Los perritos de las praderas tienen las patas traseras cortas y fuertes. Se paran para vigilar si hay peligro.

El pelaje marrón ayuda a los perritos de las praderas a camuflarse en la tierra que los rodea. A los depredadores les resulta difícil verlos. El pelaje de los perritos de las praderas es grueso y los ayuda a mantener el calor corporal en invierno.

Los perritos de las praderas tienen los ojos grandes y negros. Tienen muy buena vista. Pueden ver el peligro de lejos. Eso les da tiempo para correr y esconderse.

Los perritos de las praderas tienen las orejas pequeñas y redondeadas. Tienen muy buen oído. Están atentos por cualquier peligro.

Estos perritos tienen la cola corta y plana. La punta suele ser negra, blanca o gris.

Los perritos de las praderas tienen dientes largos y garras. Las uñas largas y afiladas los ayudan a cavar. Los dientes afilados los ayudan a masticar la hierba. Sus dientes nunca dejan de crecer.

Comer y beber

Los perritos de las praderas salen de sus casas para buscar comida. Se pasan casi todo el día buscando alimentos.

Los perritos de las praderas comen sobre todo hierba. También comen hojas, tallos y raíces. Y semillas. Los insectos, como los escarabajos, ¡también les encantan!

Los perritos de las praderas comen las plantas altas hasta que no queda ninguna. Comer plantas altas los ayuda a protegerse. Los depredadores no pueden esconderse entre las plantas.

Los perritos de las praderas se han **adaptado** a vivir en las praderas. Las praderas suelen ser secas. Allí no hay mucha agua. Los perritos de las praderas no necesitan beber agua. Consiguen suficiente agua de los alimentos que comen.

Qué hacen los perritos de las praderas

Los perritos de las praderas pasan mucho tiempo haciendo madrigueras. Cavan y cavan. Hacen túneles largos. Organizan sus casas y las limpian.

Buscar alimentos también les lleva tiempo. Los perritos de las praderas se turnan para vigilar si hay algún peligro. Así, los otros buscan comida tranquilos. Después, todos comparten la comida.

Durante el invierno, algunos perritos de las praderas **hibernan**. Duermen todo el invierno. Se despiertan en primavera.

Los perritos de las praderas se saludan entre sí. Se besan. Se abrazan. Se limpian, o **asean**, unos a otros.

Los perritos de las praderas a veces son muy ruidosos. Ladran. También gritan y chillan. Los sonidos avisan a los otros. Les dicen que hay un peligro cerca. Así, los perritos de las praderas se esconden.

Los perritos de las praderas también hacen sonidos fuertes una vez que pasa el peligro. ¡Ya es seguro volver a salir!

Los perritos de las praderas se **aparean** una vez al año. La hembra pare una **camada** de cachorros. Las crías nacen en la madriguera. En una camada hay entre tres y ocho cachorros. Los cachorros nacen ciegos y sin pelo.

La hembra alimenta a sus cachorros con leche. Los lame para limpiarlos. A las seis semanas, los cachorros salen de la madriguera. Los cachorros juegan.

Los cachorros macho dejan el grupo cuando tienen entre uno y dos años de edad. Se unen a otro grupo.

Peligros de los perritos de las praderas

El número de perritos de las praderas ha bajado mucho. En la tierra donde viven se cultivan cosechas. Ahora los perritos de las praderas tienen menos sitios donde vivir. Algunos tipos de perritos de las praderas están en peligro de desaparecer.

Los zorros cazan perritos de las praderas.

Algunos **rancheros** piensan que los perritos de las praderas son una plaga. Los perritos de las praderas comen mucha hierba. El **ganado** de los rancheros también come hierba. Los rancheros cazan a los perritos de las praderas.

Algunos animales, como los zorros, los lobos y los halcones, comen perritos de las praderas. Los perritos de las praderas también pueden morir por enfermedades.

La vida de otros animales depende de los perritos de las praderas. Los conejos y las serpientes viven en los agujeros que cavan los perritos de las praderas. Algunos animales cazan y comen perritos de las praderas. Si hay menos perritos de las praderas, estos animales tienen menos comida.

Hay personas que ayudan a los perritos de las praderas. Los rescatan cuando están en peligro. Los llevan a un lugar seguro.

Datos rápidos

Nombre: perrito de la pradera

Hábitat: praderas y pastizales

Dónde viven (distribución): América del Norte

Alimentos: hierba, semillas, tallos, raíces, hojas, plantas frondosas, insectos

Depredadores: halcones, águilas reales, tejones, lobos, linces, coyotes, hurones de patas negras

Expectativa de vida: de 3 a 4 años

Glosario

adaptar—cambiar para sobrevivir

aparearse—juntarse con otro para producir crías

asearse—mantenerse limpio

camada—grupo de animales que nace a la vez de la misma madre

colonia—grupo del mismo tipo de animales

depredador—animal que caza y come a otros animales

ganado—grupo de animales que se crían por su leche o carne

hibernar—pasar el invierno en un sueño profundo

madriguera—agujero en la tierra que hace o usa un animal

ranchero/a—dueño/a de una granja con vacas, ovejas o caballos

roedor—mamífero con los dientes frontales largos para roer

Índice

aparearse, 24
aseo, 22

besarse, 22

cachorros, 8, 24–25
cola, 7, 15
colonias, 8
comer, 15–16, 21, 27
cuerpo, 10

depredadores, 13, 18
dientes, 4, 15
distribución, 6–7

garras, 15

hibernar, 21

madrigueras, 8, 9, 20, 24, 25

ojos, 13
orejas, 14

pelaje, 13
peligros, 10, 13, 14, 21, 26

roedores, 4

sonidos, 22

tamaño, 10
túneles, 8, 20